AF638939

mare

CAPE RACE

EINE BIOGRAFIE

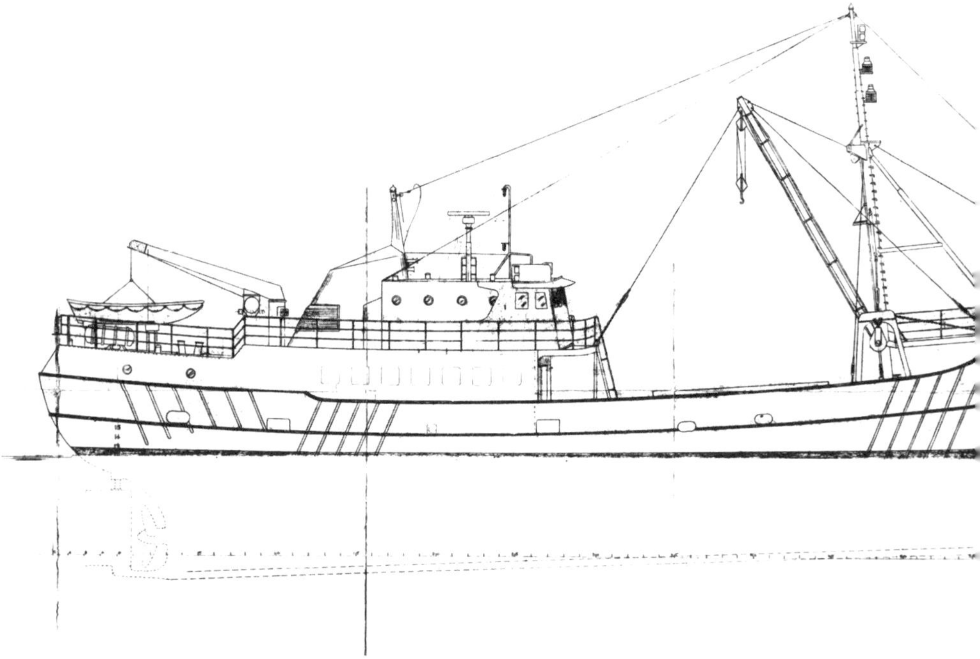

Ein Schiff ist kein Lebewesen im eigentlichen Sinn. Aber es wird nach dem Bau zu Wasser gelassen und getauft. Es erfüllt zeit seines Daseins viele unterschiedliche Aufgaben, dient Unternehmen als Einkommensquelle, erfährt die halbe Welt, trotzt Stürmen, Kälte und Hitze und ist Seeleuten Arbeits- und zugleich Wohnort, Sommer wie Winter, zu Ostern und Heiligabend, Tag und Nacht.

Nicht ohne Grund sind Schiffe keine neutralen Gegenstände, sondern durch ihren Eigennamen und den weiblichen Artikel individualisiert. Die „Cape Race“, auf diesen Namen 1963 getauft, befuhr in über einem halben Jahrhundert nicht nur die Weite des Atlantiks und der Polarmeere, sondern bot dabei vielen Menschen auch eine Lebensgrundlage.

Dieses Buch ist die Biografie eines Schiffes und der Menschen, die mit und auf ihm lebten und arbeiteten, bis heute. Für sie ist die „Cape Race“ mehr als ein Schiff. Vielleicht kann man das nach der Lektüre dieses Buches nachvollziehen. Wirklich verstehen kann man es aber nur, wenn man mit ihr auf den Ozeanen unterwegs war.

NIKOLAUS GELPKE

INHALT

EINE BIOGRAFIE

KURZBIOGRAFIE

FAKTEN

- 1963: Bau auf der Werft George T. Davie & Sons in Lauzon, Québec, Kanada
- 25. Mai 1963: Taufe in Lauzon auf den Namen „Cape Race“ durch Mrs. B. Jean Morrow
- August 1963: Jungfernfahrt von Lauzon nach Louisbourg, Nova Scotia, Kanada
- 7. September 1963: Übergabe an National Sea Products (NSP)
- 1977: Verkauf an Scotia Trawlers (Subunternehmen von NSP) und Umbau zum sogenannten Scalopper, einem Muschelfischer
- 1994: Tausch des Deutz-Diesel-Hauptmotors gegen einen Zwölfzylinder-Caterpillar-Motor
- 2003: Verkauf an Clearwater
- 9. September 2005: Löschung aus dem kanadischen Fischereiregister
- Winter 2005/2006: Kauf durch Milos Simovic, Drifting Society; Umbau für fast zwei Millionen Dollar in fünf Jahren
- ab 2007: Liegeplatz New York; Film- und TV-Projekte

- 2010 Forschungsreisen für die US Navy nach Ostgrönland (David Holland, New York University)

- 2011–2016/17: Nasa, National Science Foundation, Environment Canada (Hauptforschungsdaten für das Oceans Melting Greenland Project der Nasa/Jet Propulsion Laboratory, Vermessung der grönländischen Gletscherdurchbrüche und -flächen, überwiegend in Nordwestgrönland)

- 2012: nach Hurrikan „Sandy" inoffizielles Basislager und Treffpunkt für die Versorgung untergeordneter Behörden zur Koordinierung der Aufräumarbeiten in New York

- ab 2014: private Charterfahrten mit Gästen in die Karibik und die Arktis

- Dezember 2017: Verkauf an Nikolaus Gelpke, mareverlag, Hamburg

- 2018 bis 2020: Umbau und Renovierung in Reykjavík, Island

DER SCHIFFSNAME

CAPE RACE

Südöstlich von Neufundland, auf der sogenannten Neufundlandbank, einem flachen Ausläufer des Nordamerikanischen Kontinentalschelfs, trifft der kalte, aus dem Norden stammende Labradorstrom in geringen Wassertiefen von 15 bis 90 Metern auf den aus dem Süden kommenden Golfstrom. Als Folge dringt nährstoffreiches Tiefenwasser an die Oberfläche, was die Voraussetzung für eines der fischreichsten Gebiete der Welt schafft. Dessen Ruf war schon früh so legendär, dass europäische Fischereiflotten bereits im 16. Jahrhundert die weite und gefährliche Reise in Kauf nahmen, um von dem immensen Fischreichtum vor der Küste Neufundlands zu profitieren. Bereits 1497 berichtete die Besatzung, die den italienischen Seefahrer Giovanni Caboto an die nordamerikanische Küste begleitet hatte: „Das Meer ist dort voller Fische, die nicht nur mit Netzen, sondern auch mit Fischkörben gefangen werden können", und um 1600 meldeten englische Fischereikapitäne Kabeljauschwärme „so dicht am Ufer, dass wir kaum ein Boot durch sie hindurch rudern konnten".

„... SO DICHT AM UFER, DASS WIR KAUM EIN BOOT DURCH SIE HINDURCH RUDERN KONNTEN"

Aber nicht nur die riesigen Fischbestände resultieren aus dem Zusammenwirken der beiden Meeresströmungen und der besonderen topografischen Verhältnisse. Vor allem bei südlichen Winden, wenn sich die vom Golfstrom erwärmte Luft über das 15 Grad kältere Wasser des

Seit ihrer Taufe 1963 wurde der Schiffsname nie geändert. Die Plakette außen an der Brücke bezeugt dies seither

Labradorstroms legt, entsteht undurchdringlicher Nebel, der dichter als irgendwo sonst auf der Welt ist und deshalb eine große Gefahr für die Schifffahrt darstellt. Von Februar bis in den Juli treiben zudem Hunderte, mitunter riesige Eisberge mit dem kalten Strom aus Norden bis südlich Neufundlands. Das fatale Zusammenspiel aus Nebel und Eisbergen wurde 1912 der „Titanic" zum Verhängnis.

Zudem zählt die Neufundlandbank zu den stürmischsten Orten der Nordhalbkugel. Nicht nur das Buch „The Perfect Storm" von Sebastian Junger und dessen Verfilmung mit George Clooney und Mark Wahlberg unter dem Titel „Der Sturm", die den Untergang des Fischkutters „Andrea Gail" in einem gigantischen Orkan nacherzählen, zeugen davon, sondern auch der Umstand, dass hier die weltweit höchsten Wellen gemessen wurden.

DER SCHIFFSNAME „CAPE RACE"
IST EINEM ORT ENTLIEHEN,
WIE ER FÜR EINEN TRAWLER
MIT SEINEN SPEZIELLEN AUFGABEN
SINNFÄLLIGER NICHT SEIN KÖNNTE

Trotz Eisbergen, Nebel und schwerer Stürme ließ sich die kanadische Fischerei nie davon abhalten, auf der Neufundlandbank Schwertfische, Jakobsmuscheln und vor allem Kabeljau zu fischen. Immer größere und modernere Schiffe führten zu immer höheren Fangmengen.

Das Unternehmen National Sea Products (NSP) unterhielt 1964 mit 39 modernen Trawlern die größte Fischereiflotte Kanadas. Der Heimathafen der meisten NSP-Trawler war die Stadt Lunenburg, südlich von Halifax in Nova Scotia gelegen. Von dort steuerten die Schiffe sommers wie winters die ebenso ergiebigen wie gefährlichen Gewässer der Neufundlandbank an.

Unter diesen modernen Fischkuttern befand sich der erste ganz aus Stahl bestehende Seitentrawler Kanadas, die MS „Cape Race", erbaut von der größten Werft an der Ostküste des Landes, George T. Davie & Sons in Lauzon, Québec. Zusammen mit ihren Schwesterschiffen MS „Cape Mira" und MS „Cape Aspy" war sie der ganze Stolz der kanadischen Fischfangflotte.

Der Schiffsname „Cape Race" ist einem Ort entliehen, wie er für einen Trawler mit seinen speziellen Aufgaben sinnfälliger nicht sein könnte. Das Cape Race ist der südöstlichste Punkt der Halbinsel Avalon, wiederum im äußersten Südosten Neufundlands und damit in unmittelbarer Nachbarschaft zur legendären Neufundlandbank gelegen. Die Klippen beim Leuchtturm von Cape Race fallen über 30 Meter in die Tiefe und sind an durchschnittlich 158 Tagen im Jahr vom Nebel verschluckt. Das Kap ist geografisch so prägnant, dass die New Yorker Associated Press zwischen 1859 und 1866 ein Boot bei Cape Race unterhielt, das die passierenden Ocean Liner auf ihrem Weg von Europa abpasste, um Neuigkeiten vom Leuchtturm aus frühzeitig vor dem Eintreffen der Schiffe im Zielhafen nach New York zu telegrafieren. Diese eiligen Botschaften erhielten den Zusatz „via Cape Race".

Beim Untergang der „Titanic“ spielte der Leuchtturm mit seiner Telegrafenstation eine besondere Rolle. Der Funker der „Titanic“, Jack Phillips, fühlte sich in seiner routinemäßigen Korrespondenz für die Passagiere mit New York, die Telegrafenstation Cape Race als Relaisstation nutzend, vom Funker der in der Nähe der Titanic liegenden SS „Californian“ gestört, weil der in diesem Moment eine Eisbergwarnung sendete. Phillips machte sich mit den Worten „Keep out, shut up, I'm working with Cape Race“ Luft, woraufhin der von Phillips genervte Funker der SS „Californian“, Cyril Evans, in seine Koje ging und die folgenden Funksprüche der „Titanic“ nicht mehr hörte. Prompt rammte diese 15 Minuten später einen Eisberg. Der Telegrafenstation Cape Race kam in der Koordination der zu Hilfe eilenden Schiffe in der Nacht noch eine zentrale Rolle zu.

„KEEP OUT, SHUT UP,
I'M WORKING WITH CAPE RACE“

Nach diesem berühmten Kap, das in den fischreichen und zugleich so gefährlichen Gewässern Neufundlands eine in jeder Hinsicht des Wortes herausragende Bedeutung hat, wurde die MS „Cape Race“ im Spätsommer 1963 in Louisbourg benannt.

Das berühmte Cape Race im Südosten Neufundlands steht für transatlantische Fahrten, Sicherheit in gefährlichen Gewässern und Informationsübermittlung

JUNGFERNFAHRT

UND TAUFE

Nachdem die MS „Cape Race" in Lauzon nach Auflagen des Lloyd's Register gebaut und zertifiziert und am 25. Mai von Mrs. B. Jean Morrow getauft worden war, trat sie im August 1963 ihre Jungfernfahrt nach Nova Scotia an, wo sie am Samstag, den 7. September, eintraf.

Orlando Vallis, der für National Sea Products arbeitete, war der erste Kapitän der „Cape Race". Als das Schiff in Québec vom Stapel gelaufen war, nahmen er und seine Crew sie in Empfang und brachten sie nach Louisbourg auf Cape Breton Island. Vallis hatte erst kurz zuvor geheiratet, und so fuhr seine frisch Angetraute mit. Sie sprach noch oft von dieser Reise und erinnerte sich, wie sie mit dem Zug nach Québec gefahren und mit dem Schiff nach Hause zurückgekehrt war. Obwohl sie meist seekrank war, genoss sie die Überfahrt.

Mehr als 100 geladene Gäste und Neugierige hatten sich eingefunden, um den ersten komplett aus Stahl gebauten kanadischen Trawler zu empfangen, der künftig für National Sea Products fahren würde.

Als Erster ging Lawrence Smith an Bord, der die Niederlassung des neuen Eigners in Louisbourg leitete. Nur wenige Augenblicke später wurde eine dreietagige „Geburtstagstorte" an Bord getragen, ein Geschenk des Louisbourger Schiffsausrüsters Lewis & Co. Ltd.

Unter den geladenen Gästen befanden sich Honorable E. A. Manson, seines Zeichens Handels- und Industrieminister von Nova Scotia, sowie zahlreiche hochstehende Persönlichkeiten aus Louisbourg. Die gastgebende Firma war unter anderen durch den Vizepräsidenten

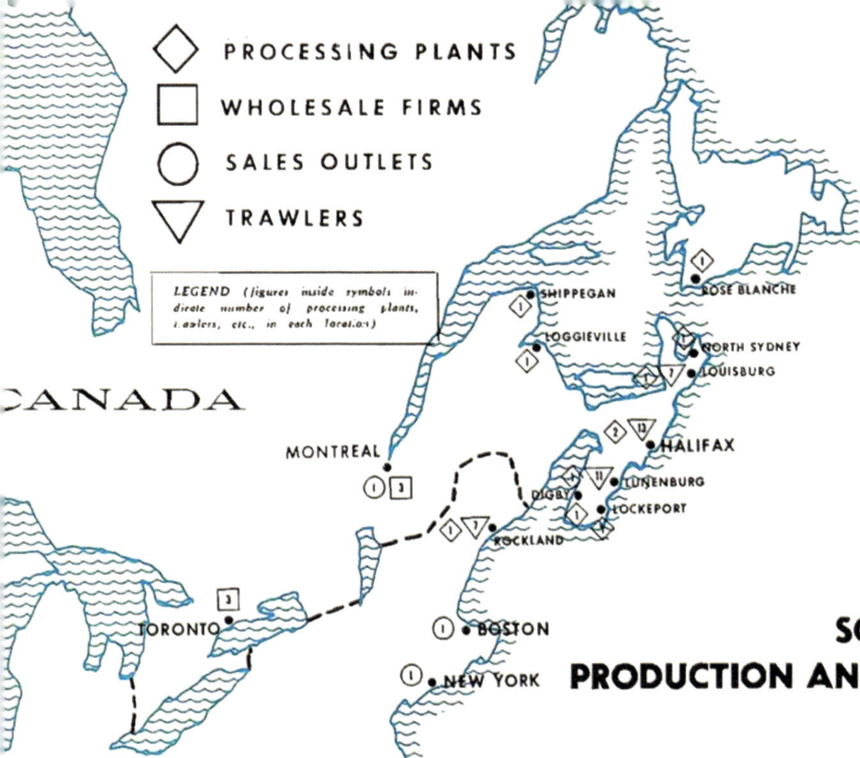

SCOPE OF PRODUCTION AND SALES

Brokers and Distributors in Canada and U.S.A.

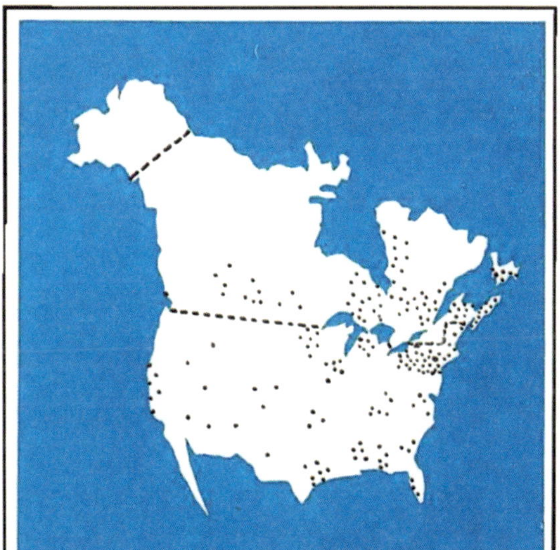

NATIONAL SEA PRODUCTS LIMITED

Head Office – Halifax, Canada

Die „Cape Race“ Anfang der 1960er-Jahre im Originalzustand als Seitentrawler, unterwegs mit 15-köpfiger Crew für die Reederei National Sea Products

APE RACE

Mrs. B. Jean Morrow, Ehefrau des Präsidenten von National Sea Products, tauft die „Cape Race" am 25. Mai 1963

Ronald G. Smith, Halifax, und Wallace W. Smith aus Lunenburg vertreten. Nach einem Rundgang durch das Schiff fand im Gebäude der Navy League ein Empfang statt, bei dem Guy Hiltz, der Bürgermeister von Louisbourg, einen Toast auf das Schiff ausbrachte.

Lawrence Smith erwähnte in seiner Rede, dass die „Cape Race“ spätestens in zwölf Tagen mit einer 15-köpfigen Crew zu ihrem ersten Einsatz auslaufen werde. Das Schiff konnte etwa 100 Tonnen Fisch aufnehmen. Der Bau der „Cape Race“ verschlang mehr als fünf Millionen Dollar, ein Teil davon stammte aus staatlichen Fördermaßnahmen. Mr. Smith äußerte die Erwartung, dass der Betrieb des neuen Schiffes auch zu Neueinstellungen an Land führen werde. In der Niederlassung in Louisbourg arbeiteten zu dieser Zeit gut 200 Menschen.

Die beiden Schwesterschiffe der „Cape Race“, die „Cape Aspy“ und die „Cape Mira“, sollten noch im selben Jahr die Flotte von National Sea Products verstärken. Zusammen mit der „Cape Dauphin“, die in Holland vom Stapel gelaufen war und noch im Lauf des Tages der Schiffstaufe in Louisbourg eintraf, betrieb das Unternehmen von Louisbourg aus neun Schiffe.

ORLANDO VALLIS

DER ERSTE KAPITÄN

Aus der Traueranzeige zum Tod von Orlando Vallis, der 2016 im Alter von 88 Jahren starb

Orlando wurde am 8. Juli 1928 in Coomb's Cove, Fortune Bay, Neufundland, geboren, wo er lebte und arbeitete, bis er 1953 nach Louisbourg übersiedelte. In Coomb's Cove hatte er, seinem Vater, der 1944 auf See geblieben war, im Alter von 15 Jahren folgend, eine Karriere als Kabeljaufischer begonnen. Er fuhr auf der „Ronald George" aus Harbor Buffet, Placentia Bay, Neufundland, dann auf dem Trawler „Edith and Lilian", der für die Gebrüder Job aus St. John in Neufundland und Moore's aus Harbour Grace, ebenfalls Neufundland, fischte. Schließlich wurde er Kapitän.

Im März 1953 schloss er sich der Firma Gordon Pew Ltd. in Louisbourg an und wurde Erster Steuermann auf der MV „Fort Louisbourg" unter Kapitän Scotty Laws. Auch nach der Übernahme der Firma durch National Sea Products blieb Orlando in Louisbourg und bei der NSP. Im Lauf seiner 32-jährigen Karriere war er Kapitän mehrerer Schiffe, darunter die „Cape Race", die „Cape Keltic", die „Lady Shippagan", die „Marjorie Colbourne", die später als „Cape Ann" Berühmtheit erlangte, und einige andere mehr. Die „Cape Race" nannte Orlando gelegentlich „Liebesnest", weil die Jungfernreise, die im August 1963 von Lauzon, Québec, nach Louisbourg, Nova Scotia, führte, in Begleitung seiner Frau Ruby sowie der Frauen anderer Crewmitglieder stattfand.

In den frühen 1980er-Jahren verabschiedete sich Orlando von der Hochseefischerei und widmete sich fortan dem Hummerfang in Küstengewässern. Anfangs wurde er jedoch gelegentlich rückfällig und fischte einige Jahre lang

Der erste Kapitän Orlando Vallis (links) mit Lawrence Smith, dem Leiter von National Sea Products in Louisbourg, 7. September 1963

nach der Hummersaison aus dem Meer, was seine Kollegen übrig gelassen hatten. Doch wie die gesamte Hochseefischerei kam auch das zum Erliegen, und nachdem National Sea dichtgemacht hatte, wurde Orlando endgültig zum Vollzeithummerfänger, unterstützt von Steven Lilly, der nach einigen anderen „Helfern" mehr als 20 Jahre lang seine rechte Hand an Bord der „Awaited Dream" war. Jüngeren Kollegen war Orlando beim Start ins Berufsleben behilflich, und vielen wurde er ein unverzichtbarer Ratgeber.

JÜNGEREN KOLLEGEN WAR ORLANDO BEIM START INS BERUFSLEBEN BEHILFLICH, UND VIELEN WURDE ER EIN UNVERZICHTBARER RATGEBER

Das ABC der Seefahrt lernte Orlando, bevor moderne Technik Einzug hielt. Die kritischen Situationen, denen er sich oft genug gegenübersah, überstand er dank guter Instinkte, profunden Wissens über Wellen, Wind und Wetter sowie einer gehörigen Portion Gottvertrauen. Zu seinen Arbeitsgeräten zählten ein Kompass, ein Sextant, ein Chronometer, Seekarten und ein Rechenschieber – Dinge, mit denen nur Fischer seiner Generation noch etwas anzufangen wussten. Orlando war das Gegenteil eines Angebers, war bescheiden und verständnisvoll, und auf ihn war Verlass. Er packte Probleme an, ohne zu klagen, und sagte seine Meinung, auch wenn sie das Gegenteil dessen war, was sein Gegenüber hören wollte. Er sorgte aufopfernd für seine Familie und tat auch für seine Freunde alles, was er für notwendig hielt, ohne je willfährig zu werden. Er engagierte sich in der lokalen Hafenbehörde, war Mitglied im

Oranierorden, verschlang Bücher über die Geschichte der Fischerei und sammelte Werkzeug aller Art, was Ruby zu der spöttischen Bemerkung veranlasste, dass sie „alles doppelt" besäßen. Er war ein leidenschaftlicher Wrestlingfan und feuerte von seinem Stammplatz im North Sydney Forum die Kämpfer vernehmlich an. Er nahm großen Anteil an der Bergung der „Cape Ann". Er prahlte nicht mit Erfolgen, aber wie alle Fischer wollte er der Beste sein.

Er war ein schweigsamer Mensch, der über diese Zeit seines Lebens und die Schwierigkeiten, die er überwinden musste, nur selten sprach. Er zog es vor, das Leben zu nehmen, wie es kam, und nach Kräften jenen zu helfen, die es schlechter erwischt hatten als er. Bekannt und beliebt war er auch für sein herzhaftes Lachen, das ihm eine gut erzählte Geschichte entlocken konnte und das noch hinter der nächsten Hausecke zu hören war.

Die „Cape Race" fuhr nur knapp 25 Jahre als Fischereischiff, denn die in den 70er-Jahren des letzten Jahrhunderts eingeführten Hecktrawler verdrängten mit ihrer viel höheren Fangeffizienz Seitentrawler wie die „Cape Race". Anschließend diente sie Scotia Trawlers, einem Subunternehmen der NSP, als Muschelfischer. Schließlich verkaufte National Sea Products die komplette Flotte 2003 an Clearwater, und so fuhr die „Cape Race" noch einige Jahre für ihren neuen Besitzer.

DIE ZEIT ALS MUSCHELFISCHER

ALAN ALTAS

Von 1953 bis 1959 habe ich bei Cook, Welton & Gemmell, einer der führenden Trawlerwerften Englands, eine Lehre als Schiffbauer gemacht und als Geselle auf dem Schnürboden gearbeitet. Anschließend bin ich als Konstrukteur zu Hawker Siddeley Aviation gewechselt, um schließlich als stellvertretender Vorarbeiter in die Werft zurückzukehren. Schon bald wurde ich zum Vorarbeiter und schließlich zum stellvertretenden Fertigungsleiter befördert.

Auf der Werft bin ich bis 1966 geblieben, dem Jahr, in dem ich auf Prince Edward Island in Kanada umgesiedelt bin, um in einer kleinen Werft als Fertigungsleiter zu arbeiten. Im Lauf der Jahre wurde ich zunächst zum stellvertretenden Werftleiter, dann zum Werftleiter und schließlich zum Geschäftsführer ernannt. 1979 habe ich der Insel Lebewohl gesagt und bin als Nautischer Leiter einer großen Fischereigesellschaft nach Riverport in Nova Scotia gegangen. Dort brachte ich es bald zum Leitenden Ingenieur der Flotte. 1984 vernichtete ein Feuer die Firmengebäude, woraufhin die 23 Trawler der Firma nach Lunenburg in Nova Scotia verkauft wurden.

Also arbeitete ich in der Folge als Nautischer Leiter, dann als Leiter einer Flotte von sieben Muschelfängern für die Firma Scotia Trawler Equipment. Parallel habe ich die Werft der Firma geleitet. Dabei handelte es sich um die einst ruhmreiche Werft Smith & Rhuland, die sich auf Nachbauten von Holzschiffen spezialisiert hatte. Dort entstanden Schiffe wie die „Bluenose II“, die HMS „Bounty“, die im Film „Meuterei auf der Bounty“ mit Marlon Brando zum Einsatz kam, und die HMS „Rose“, die als HMS „Surprise“ in dem Film „Master and Com-

CUSTOMERS and FISH are much alike ...only the ones that don't get away COUNT

Make sure you get to keep the customers who come looking for Sea Foods at their instant-frozen, taste-tempting best. Stock NATIONAL SEA'S Premium Brands—"HIGH LINER" . . . "SEA SEALD" . . . "40-FATHOM" . . . "SEA BRAND" . . . to keep them coming 'back for another bite' of the finest, freshly-processed deep-sea fish on the market. NATIONAL SEA'S great fleet of 39 Trawlers and 7 modern shore plants guarantee a steady supply of quality sea fare and satisfied customers, both!

National SEA PRODUCTS LIMITED HEAD OFFICE HALIFAX

THE KINGFISHERS OF CANADA

mander – Bis ans Ende der Welt" mitwirkte. In meiner Zeit in Nova Scotia habe ich auch den Entwurf und den Bau des ersten in Kanada gebauten Muschelfängers mit integrierter Tiefkühlung begleitet. Das Schiff kostete acht Millionen Dollar, hatte sich aber binnen acht Jahren amortisiert. Dann wurde Scotia Trawlers an eine andere Fischereigesellschaft verkauft, und ich begann meine Tätigkeit als freiberuflicher Berater. In dieser Eigenschaft habe ich zahlreiche Umbauten und Instandsetzungen beaufsichtigt. Derzeit manage ich ein Ausflugsboot für 120 Passagiere, das im Hafen von Halifax stationiert ist.

Die „Cape Race" kenne ich aus meiner Zeit bei Scotia Trawlers sehr gut, und zweimal habe ich ihr sogar das Leben gerettet. Zu Beginn war die „Cape Race" mit einem Sechszylindermotor von Deutz bestückt, einem Langsamläufer. Am Übergang zur Welle befand sich ein Drucklager, das eine Fehlkonstruktion war, weil dort nicht genügend Öl ankam, um es zu schmieren. Also wurde eine zusätzliche Pumpe installiert, die das Lager mit Öl versorgen sollte, sobald der Motor lief. Irgendwann Anfang der 1990er-Jahre stellte diese Pumpe auf hoher See ihren Dienst ein, der Ölfilm riss, die Schmierung setzte aus, das Lager nahm schweren Schaden, und das Schiff musste in den Hafen geschleppt werden. Dort schaute ich mir den Schaden an und prüfte gemeinsam mit einem Ingenieur, der für das kanadische Verkehrsministerium arbeitete, ob die Welle in Mitleidenschaft gezogen worden war. Wir kamen zu der Überzeugung, dass die einzige Möglichkeit, das Schiff wieder flottzumachen, darin bestand, die Welle zu ziehen, die Druckfläche planzuschleifen und anschließend alles wieder zusammenzubauen. Der Chef der Firma, für die die

„Cape Race" fuhr, kündigte an, das Schiff in diesem Fall lieber ausschlachten und auf hoher See versenken zu wollen, da wir ohnehin schon mehr Schiffe hatten, als wir benötigten.

DIE „CAPE RACE" KENNE ICH AUS MEINER ZEIT BEI SCOTIA TRAWLERS SEHR GUT, UND ZWEIMAL HABE ICH IHR SOGAR DAS LEBEN GERETTET

Diese Ankündigung stank mir gewaltig, zum einen, weil sie bedeutet hätte, dass 19 Besatzungsmitglieder ihre Arbeit verlieren, zum anderen, weil ich an dem Schiff hing. Und so fragte ich den Chef, ob ich nicht versuchen könne, den Schaden zu beheben, ohne die Welle auszubauen. Er war einverstanden. Als ich dem Ingenieur vom Ministerium davon erzählte, meinte er, mein Vorhaben sei zum Scheitern verurteilt, und dasselbe erzählte er auch meinem Chef. Also musste ich mich erneut als Fürsprecher der „Cape Race" betätigen und bekam schließlich grünes Licht, wenn auch unter der Androhung, dass das Schiff, sollte eine Reparatur ohne Ausbau der Welle nicht möglich sein, aufgegeben würde.

Ich wandte mich an den Hersteller des Motors in Deutschland und erhielt die Auskunft, dass eine Reparatur, wie sie mir vorschwebte, nicht möglich sei. Dann zog ich einen Ingenieur der Konzernmutter zurate, zu der unsere Firma gehörte. In früheren Jahren hatte er im

Kundenservice von Deutz gearbeitet, aber auch er schüttelte nur den Kopf. Allerdings war ich nicht dafür bekannt, ein Nein zu akzeptieren, und so trug ich dem Vorarbeiter unserer Maschinenwerkstatt auf, den Oberschlitten unserer kleinen Drehbank auszubauen, an der Kurbelwelle des Motors zu befestigen, die Einspritzdüsen zu entfernen, den Anlasser zu betätigen, damit die Maschine sich dreht, und zu versuchen, die Druckfläche auf diese Weise planzuschleifen.

Er legte los, und als am nächsten Morgen der Ingenieur vom Ministerium hereinschneite und fragte, wie wir vorgehen wollten, erzählte ich ihm von meiner Idee. Er erklärte mich für verrückt, ging aber in die Werkstatt, um sich davon zu überzeugen, dass ich nicht scherzte. Als er zurückkam, lachte er und berichtete, dass der Vorarbeiter es nicht zuwege gebracht hatte, den Oberschlitten mit dem Motor zu verbinden, und deshalb dazu übergegangen sei, die Druckfläche mit einer kleinen Schleifmaschine von Hand zu bearbeiten. Dann ging er zu meinem Chef und berichtete ihm, dass ich gerade im Begriff sei, die Welle endgültig zu ruinieren. Der Chef rief mich zu sich und forderte mich auf, den Unfug einzustellen und damit zu beginnen, das Schiff auszuschlachten. Ich weigerte mich und bestellte einen kleineren Oberschlitten. Und siehe da, dieses Mal klappte es, woraufhin die „Cape Race" noch zwei Jahre ihren Dienst verrichtete, und zwar mit einem solchen Erfolg, dass sie im Frühjahr 1994 einen neuen Motor erhielt, nun einen Zwölfzylinder von Caterpillar aus der 3500-Serie. Für die Probefahrt mit der neuen Maschine hatte ich dem Ingenieur aufgetragen, auf der Fahrt hinaus die Lichtmaschine auf der Backbordseite und auf der Rückfahrt die auf der Steuerbordseite auszuprobieren, um auf diese Weise die komplette Ausrüstung testen zu können. Nachdem alle Tests erfolgreich verlaufen waren, machten wir uns auf den Heimweg. Das Schiff machte volle Fahrt voraus, als der Kapitän plötzlich meinte: „Ich habe keine Ruderwirkung mehr." Ich lief in den Maschinenraum, um das Problem zu beheben, fand aber auf Anhieb nichts. Als ich schon wieder auf dem Weg zum Deckshaus war, fiel mir ein, was ich dem Ingenieur gesagt hatte. Also lief ich zurück in den Maschinenraum und fragte den Ingenieur, ob er die andere Lichtmaschine in Betrieb genommen habe, was er bejahte. Daraufhin fragte ich, ob er auch an der Schalttafel geprüft habe, dass die Lichtmaschine auf der richtigen Phase lief. Hatte er nicht. Aber ein Handgriff an der Schalttafel brachte alles wieder ins Lot.

Als ich zurück ins Deckshaus kam, empfing mich der Chef meiner Firma, der ebenfalls an Bord war, und fragte mit mürrischer Stimme: „Weiß eigentlich einer von euch Jungs, was genau ihr da tut?" Ich erwiderte „Ja", woraufhin er vorschlug, das Tempo zu drosseln, um nicht auf Cross Island zu enden, das genau vor uns lag. Im Eifer des Gefechts hatte der Kapitän versäumt, die Geschwindigkeit zu drosseln, und hielt direkt auf die Insel zu.

Das Ende der Geschichte ist, dass die Probefahrt erfolgreich war, und die „Cape Race" konnte sich in der Folge viele Jahre lang als Muschelfänger bewähren, bis meine Firma 2003 von dem Konkurrenten Clearwater übernommen und alle unsere Schiffe verkauft wurden.

MILOS SIMOVIC KAUFT DIE CAPE RACE

UMBAU ZUM EXPEDITIONSSCHIFF

Aus dem Jahresbericht 2014 der New York Business Development Corporation

Milos Simovic hatte große Pläne mit der „Cape Race". Er kaufte den 125 Fuß oder 38 Meter langen Trawler im Jahr 2006, um das beeindruckende Schiff künftig für wissenschaftliche Expeditionen und touristische Erlebnisreisen zu verchartern. Simovic investierte 1,3 Millionen Dollar in das Unternehmen, dem er den Namen Drifting Society gab. Die ersten Aufträge waren kleinere Forschungsreisen für die US Navy, die Nasa und die National Science Foundation. Bald kamen auch die ersten Film- und Fernsehprojekte dazu. Doch trotz der hochwertigen Ein- und Umbauten entsprach die „Cape Race" in mancherlei Hinsicht nicht dem, was eine zahlungsfähige Kundschaft erwartete, um das Schiff für eine Erlebnisreise zu buchen. Doch gerade diesen Markt hatte Simovic als besonders lukrativ identifiziert.

Nachdem der Hurrikan „Sandy" 2012 die Ostküste der USA verwüstet hatte, wurde die „Cape Race" zu einem inoffiziellen Basislager umfunktioniert, von dem aus Mitarbeiter der Regierung und der untergeordneten Behörden die Aufräumarbeiten koordinierten. „Wir gehörten zu den wenigen, die über Strom verfügten. Wir konnten den Leuten also eine warme Dusche bieten, und ich bekochte sie", erinnert sich Simovic.

Das Schiff lag im Hafen von Red Hook in Brooklyn, wo unter widrigen Umständen auch die erste Begegnung mit einem Vertreter der New York Business Development Corporation (NYBDC) stattfand – „ein

Das Schiff nach dem Kauf durch Milos Simovic, circa 2005

Als Milos Simovic die „Cape Race“ erwarb, befand sie sich äußerlich in einem schlechten Zustand

Mittschiffs, dort, wo ursprünglich der Fang sortiert wurde, plante Milos Simovic den heutigen Salon zu errichten

Der Rohbau des Salons, hier noch ohne Fenster, im Hafen von Newtown Creek in Brooklyn, New York

Blick ins Innere des zukünftigen Salons, nun bereits mit den Ausschnitten für Fenster

wahrer Glücksfall", so Simovic. „Für die ‚Cape Race' hatte ich meine Kreditkarten bis an den Anschlag ausgereizt, Freunde angepumpt und meine Ersparnisse zusammengekratzt. Und wenn man gerade ein Schiff gekauft hat, werden einem die Kredite nicht gerade aufgedrängt."

Dank der Vermittlung der NYBDC kam Simovic 2013 in den Genuss eines Darlehens über 225 000 Dollar, womit er das Schiff auf den neuesten Stand bringen und zusätzliche Ausrüstung kaufen konnte. Die Umbauten kamen vor allem Kabinen und Bädern zugute. Auch eine Klimaanlage hielt Einzug. Angeschafft wurden unter anderem eine Waschmaschine und ein Trockner sowie ein Sonnensegel fürs Deck. Die laufenden Einnahmen gingen derweil für den Aufbau einer eigenen Website, die Bevorratung mit Treibstoff und die laufenden Kosten für sechs Monate drauf.

Das geliehene Geld stammte überwiegend aus dem Capital Access Program und von The 504 Company, die langfristige Darlehen oder einen entsprechenden Dispositionskredit vergeben, um junge oder stark wachsende Unternehmen mit Kapital zu versorgen, damit sie in Technik oder Gebäude investieren können. Firmen mit weniger als 100 Beschäftigten können Kredite und Darlehen bis 550 000 Dollar beantragen.

David Hanold, der Vizepräsident von The 504 Company, hielt eine herkömmliche Finanzierung für die „Cape Race" für schwer darstellbar, da sie zum Zeitpunkt der Antragstellung erst sehr kurz in einem komplizierten Marktsegment mitmischte. „In Anbetracht der Anzahl der bereits unterzeichneten Charterverträge und der daraus zu erwartenden Einkünfte hat sich The 504 Company entschlossen, 225 000 Dollar bereitzustellen, um anstehende Reparaturen und Umbauten zu ermöglichen“, erklärte Hanold. „Dank dieser Maßnahmen konnte das Unternehmen Verträge für die Jahre 2014 und 2015 abschließen und Reisen zu so unterschiedlichen Zielen wie dem Arktischen Ozean, die Karibik und die brasilianische Küste projektieren.“

Die Chartergebühren für derartige Reisen mit der „Cape Race“ reichten von 40 000 Dollar für einen einwöchigen Karibikaufenthalt bis zu 140 000 Dollar für eine zehntägige Fahrt zu neuen, zuvor unerreichten Zielen in der Arktis. Ein Kunde buchte das komplette Schiff mit seinen zehn Kabinen für eine private Amazonasreise.

Ohne das Darlehen, so Simovic, wären solcherlei private Abenteuerreisen in den zurückliegenden beiden Jahren nicht denkbar gewesen. „Wahrscheinlich wären wir heute noch mit Reparaturen beschäftigt, weil uns das Geld gefehlt hätte, alles auf einmal anzugehen.“

ERINNERUNGEN AN DIE CAPE RACE

MILOS SIMOVIC UND KIM SMITH

Ein Polizist sucht einen Zigeuner auf, um ihn zu verhaften, weil er im Verdacht steht, wiederholt Eisenbahnschienen gestohlen und als Altmetall verkauft zu haben.

„Haben Sie schon wieder Eisenbahnschienen gestohlen?", fragt der Beamte.

„Ich? Wo denken Sie hin?", erwidert der Zigeuner.

„Und was machen dann die Schienen dahinten in Ihrem Garten?"

„Ach die ... Keine Ahnung. Die Kinder waren spielen und haben sie mitgebracht."

„Erzählen Sie mir nicht solch einen Blödsinn. Wie soll ein Kind zwei Tonnen Stahl heben?"

„Ach, Herr Polizist, woher soll ein Kind wissen, wie viel zwei Tonnen sind?"

Serbischer Witz

Im Jahr 2005 war die „Cape Race" ein Muschelfänger mit Heimathafen Lunenburg, Nova Scotia, Kanada. Ich kaufte sie. In den darauffolgenden Jahren wurde sie zu einem Expeditionsschiff umgebaut. Viele Hände waren daran beteiligt, und vielen, darunter ich selbst, ging es so wie dem Kind in dem Witz. Wir alle waren, zumindest zum Teil,

Die Crew der ersten Überführungsfahrt von Neufundland nach New York im Jahr 2006. Mit an Bord: der neue Eigner Milos Simovic (Zweiter von links)

Sonnenuntergang über dem Nordatlantik während der Fahrt nach New York

Träumer. Geld hat niemand von uns daran verdient. Aber durch die Arbeit entstand ein Austausch zwischen Mensch und Schiff, ein körperlicher Austausch, der es von einem Objekt, einem Werkzeug zu etwas Lebendigem und uns melancholisch werden ließ.

Die „Cape Race" wurde im Sog der aufstrebenden Kabeljaufischerei im Nordatlantik gebaut, aus Resten von bestem Stahl aus Kriegszeiten und von Schiffbauern mit genügend Können und Wissen, um einen stabilen Rumpf zu bauen, der jedem Wetter gewachsen war. Umgebaut wurde sie von wenigen verbliebenen Männern, die diese aussterbenden Traditionen weitertragen, und uns, die wir voller Bewunderung für ihren Deckssprung, ihre Geschichte und das handwerkliche Geschick einer vergangenen Epoche waren.

Als sie aus der Schwerstarbeit in der Fischerei entlassen und in ein neues Leben überführt wurde, begann auch der Niedergang ihres Heimathafens Lunenburg, heute ein adrettes, aber auch ziemlich totes Städtchen. 2005 war noch nicht absehbar, wie umfassend der Niedergang geraten würde. Im Hafen lagen Fischerboote Rumpf an Rumpf, Eis wurde an Bord genommen, Säcke mit Muscheln entladen. Jute wurde zu Säcken verarbeitet. In der Gießerei arbeiteten noch Menschen, die Wunder vollbringen konnten. An der Hauptstraße betrieb Arthur Dauphinee eine Drechslerei, die Blöcke nach Maß herstellte. Schiffsbesatzungen gingen von Bord und stiegen betrunken in ihre Sportwagen.

Ich sah die „Cape Race" zum ersten Mal, als die Firma Scotia Trawlers, der das Schiff gehörte, an Clearwater verkauft wurde, einen deutlich größeren Fischereibetrieb. Dieser behielt die Fangquoten und sah zu, dass er die Schiffe wieder loswurde. Vier davon waren altmodische doppelendige Seitentrawler, die nach dem Zusammenbruch der Kabeljaufischerei schon einmal knapp der Versenkung entgangen waren. Als der Nordatlantik leergefischt war, wurden viele der Schiffe, auch wenn sie noch gut in Schuss waren, für veraltet erklärt und vor Kanadas Küste auf Grund gesetzt, ehe jemand (Alan Altas weiß, wer) auf die Idee kam, sie zu Muschelfängern umzubauen, indem man ihnen zwei zusätzliche Ausleger, einen Spülraum und die Sortieranlage verpasste. Derart ausgerüstet, ernteten sie noch zwei Jahrzehnte lang den Meeresboden ab.

Ich sah die „Cape Race" zum ersten Mal im Februar, auf Kais und Straßen lag eine tückische Schicht aus Eis, und die Schiffe kehrten mit einem Überzug aus gefrorenem Spritzwasser von ihren Fanggründen zurück. Ich stolperte an Deck, und um zum Niedergang zu kommen, musste ich mir einen Weg durch vereiste Sortiertische, Fangkörbe, Trossen und den Spülraum bahnen. Selbst am Kai war das kein leichtes Unterfangen, aber diesen Haufen Stahl auf der winterlichen See zu bändigen schien mir ein Ding der Unmöglichkeit. Im Inneren hing der Geruch von verbrannter Butter, aber in den Unterkünften der Crew roch es erstaunlicherweise nicht nach kaltem Rauch, obwohl über jeder Koje ein Aschenbecher hing, der bis obenhin mit Kippen gefüllt war. Immerhin funktioniert die Lüftung, dachte ich.

Dank der selbstlosen Hilfe von Alan Altas, dem früheren Manager von Scotia Trawlers, konnten wir 2006 damit beginnen, das Schiff umzurüsten und dafür die große Hydraulikwinsch, die Sortiertische und die

Manhattans Südspitze mit der Brooklyn Bridge.
Die „Cape Race“ bei der Ankunft in New York

Aluminiumbecken aus dem Laderaum auszubauen. Alan war in den 1960ern von einem Bauernhof in Yorkshire nach Nova Scotia gekommen. Er weiß alles über Schiffe, vor allem über diese Schiffe und über die Männer, die darauf gearbeitet haben. Die Geschichten, die er zu erzählen hat, sind so spannend wie die von Melville und Hawthorne, und singen kann der Mann auch.

Rick Spindler, ehedem Leitender Maschinist der Flotte, wies mich im Schnelldurchlauf in die Konstruktion und Funktionsweise des Schiffes ein. Glücklicherweise wurden diese alten Kähne von Genies für Idioten konstruiert. Etwas aus Unwissenheit falsch zu machen war kaum möglich. Mit Schwerkraft, Verstand und passendem Werkzeug ließ sich im Grunde jedes Problem lösen.

Als das Fanggeschirr entfernt war und der Rumpf etwas frische Farbe bekommen hatte, brachten wir die „Cape Race“ nach New York. Für die Überfahrt heuerte ich einige der alten Besatzungsmitglieder an: Bill Johnston, Sohn von Fred Johnston, dem legendären Kapitän eines Muschelfängers, Timmy Spidle, unser Schweißer, und R. Cleveland als Maschinist. Am Tag vor der Abfahrt fuhren wir mit einem kleinen Lobsterboot hinaus, um einen Blick auf Lunenburg und die vorgelagerten Inseln zu werfen, bestückt mit einem großen Vorrat an Bier. Später gingen sie dazu über, Unmengen eines farbigen, nach Hustensaft riechenden, wodkahaltigen, mit Früchten angereicherten und in Plastikbechern mit Aufreißdeckel abgefüllten Mischgetränks in sich hineinzuschütten, das seinerzeit beliebt und in Nova Scotias Schnapsläden für wenig Geld zu haben war.

Am nächsten Morgen stürmte es. Wir legten am Nachmittag ab, und kurz bevor wir aus der Landabdeckung heraus waren, übernahm ich von einer heillos betrunkenen Mannschaft die Wache. Im Golf von Maine herrschte hoher Seegang. Die Crew bestand aus Schnapsleichen. Timmy kam ins Deckshaus und kotzte. Dann verschwand er, um sich wieder hinzulegen. Im Deckshaus stank es nach Erbrochenem, das den Boden gefährlich rutschig machte, die Männer waren außer Gefecht. Ich stand in der Dunkelheit am Ruder und war auf mich gestellt. Der Seegang nahm zu, das Schiff stampfte schwer, der Bug tauchte so tief in die Wellen ein, dass das Wasser gegen die Fenster des Deckshauses klatschte. Es war stockfinster, und ich konnte nicht erkennen, wie hoch die Wellen tatsächlich waren, aber in regelmäßigen Abständen sah ich im schwachen Licht der Positionslaternen über dem Deckshaus fliegende Gischt. Bei jeder Welle, die das Schiff traf, ertönte aus dem leeren Laderaum ein ohrenbetäubendes dumpfes Dröhnen. Ich verfluchte meine Entscheidung, jede zweite Aluminiumstrebe herausreißen zu lassen, und fürchtete, das Schiff könnte jeden Augenblick zusammengequetscht werden wie eine leere Bierdose in der Hand eines zornigen Trinkers. Stattdessen arbeitete es sich mit großer Beständigkeit und gleichbleibender Geschwindigkeit durch die Wellen, im Deckshaus war es warm und trocken. Ich trank einen halben Becher starken Kaffees und verfiel in eine wohltuende Mischung aus Resignation und Fatalismus, während das Schiff uns durch die Nacht trug. Pünktlich zum Morgengrauen schlief der Wind ein, und als es endlich hell war, wirkte der Schwell höher als zuvor. Nach und nach krochen die Männer aus ihren Kojen, und ich konnte mich hinlegen. Unterdessen hatte ich so viel Vertrauen in das Schiff, dass ich sofort einschlief,

Zigarettenpause im Deckshaus auf dem Weg nach New York

Im Fischereihafen liegen die Boote dicht an dicht. Die Krise der US-Hochseefischerei und das Fangmoratorium von 1992 machten 40 000 Fischer über Nacht arbeitslos

Noch sieht man der „Cape Race" ihre einstige Nutzung als Fischereischiff an

Gut gelaunte Seeleute in der Crewmesse

begleitet vom Geräusch des Propellers, der gelegentlich über die Wasseroberfläche schaute.

In New York verdiente sich Bill Johnston seine Heuer, indem er die „Cape Race", die nur über einen Propeller verfügt, unter den angstvollen Blicken der Besitzer von Kunststoffyachten auf den schmalen Liegeplatz in der Liberty Marina bugsierte.

Im Winter 2006/2007 brachten wir die „Cape Race" zur Werft A.F. Theriault & Son in der Bay of Fundy. Dort wurde sie aufgeslippt und erhielt ein neues Farbkleid. In den folgenden fünf Jahren kam ich immer wieder auf diese Werft. Gegründet hat sie ein Frankokanadier aus Québec in einem Nest, wo sie die meisten Arbeitsplätze stellt. Sie lag an einem idyllischen Sandstrand, in den die Jungs von der Werft einfach einen Schlauch steckten, wenn sie sandstrahlen wollten.

Während das Schiff überholt wurde, fuhr ich ein paar Jahre lang zwischen New York, Neufundland und Nova Scotia hin und her, meist unter Captain Fred Johnston. Fred trank nicht mehr, aber die Geschichten aus den Zeiten, da er noch betrunken auf Fischfang ging, gehören zum Inventar der Atlantikfischerei. Als Kapitäne noch wie Könige über das Meer herrschten, gab es weder „Fangquoten" noch „Ausschließliche Wirtschaftszonen". An ihren Hüften baumelten Pistolen, und rivalisierende Schiffe wurden unter Feuer genommen, um sie zu vertreiben. Es kam vor, dass Fred mitten auf dem blauen Ozean stoppte und von Ereignissen erzählte, die sich in zurückliegenden Zeiten just dort zugetragen hatten. Wir befanden uns irgendwo auf dem Atlantik, und es klang, als spräche unsereins von einer Straßenkreuzung in der Nachbarschaft. Er kannte das Meer wie seine Westentasche. Für die Kapitäne, die in jener Zeit auf Fischfang gingen, gab es in den Deckshäusern keine ernst zu nehmende Hilfe bei der Navigation. Auf der „Cape Race" befanden sich zwei alte Loran-Empfänger und Seekarten ohne jegliche Einträge. Was ich an Bord für die Navigation vorfand, waren ein verrostetes Zentimetermaß und ein selbst gebauter Stechzirkel. Das Wissen um die besten Fanggründe wurde eifersüchtig bewahrt.

In New York gab es für die „Cape Race" nur wenige Liegeplätze. Es war nicht leicht, für einen großen alten Trawler in der Stadt ein Plätzchen zu finden. 2007, sie lag in Brooklyn am Newtown Creek, wurde sie von Polizisten auf den Kopf gestellt, obwohl sie keinen Durchsuchungsbeschluss hatten. Ich glaube, sie hatten erwartet, massenhaft Drogen oder illegale Einwanderer oder Schlimmeres zu finden. Am Newtown Creek stellten wir aus Sperrholz Modelle für das Deckshaus und den Salon her. Dann besorgte ich die erforderliche Menge Stahlblech, die wir mit einem Kran von der benachbarten Baustelle an Bord bugsierten. Schließlich fuhren wir nach Riverport in Nova Scotia, wo Mike Creaser aus dem Stahl das komplette Deckshaus fertigte, ehe er es mit einem Autokran von seiner Werkstatt zur Werft brachte, an Deck hievte und festschweißte. Es passte wie die Faust aufs Auge.

Nach einer erneut recht rauen Überfahrt erreichten wir Rockport im Bundesstaat Maine, wo wir Treibstoff bunkern wollten. Wir lagen noch nicht richtig in der Koje, als eine Ausbildungseinheit der US-Küstenwache, bis an die Zähne bewaffnet und in Begleitung von Deutschen Schäferhunden, das Schiff stürmte. Nach einigen Minuten, die mich an jugoslawische Kriegsfilme erinnerten, mit denen ich aufgewachsen bin, entspannte sich die Lage, die Hunde schnüffelten in allen Ecken herum, und wir tranken Kaffee, während Fred den Kommandeur unserer Besucher mit einem alten Witz bedachte, laut dem ein Schiff der US-Marine eine kanadische Funkstelle auffordert, den Kurs zu ändern, um eine Kollision zu vermeiden. Die Gegenstelle schlägt vor, das US-Schiff solle den Kurs ändern, aber der Kapitän des US-Schiffes besteht darauf, dass der andere ausweicht, und ergänzt drohend: „Sie sprechen mit einem Flugzeugträger!" Woraufhin die kanadische Seite erwidert: „Und Sie mit einem Leuchtturm."

DER STURM HATTE GEWALTIGE SCHÄDEN ANGERICHTET. BOOTE WAREN HUNDERT METER WEIT BIS AUF DIE HAUPTSTRASSE GESPÜLT WORDEN

Als wir wieder in unseren Kojen lagen, kam, früher als vorhergesagt, ungewöhnlich starker Westwind auf. Schließlich erreichte er Hurrikanstärke. „Ihr ruiniert unsere Mole!", schrien uns die Leute von Land zu und begannen unsere Festmacher loszuwerfen, obwohl wir noch nicht einmal die Maschine gestartet hatten. „Verflucht, ich weiß nicht, ob wir genügend Treibstoff haben, um den Sturm abzuwettern. Lasst uns einen anderen Liegeplatz suchen."

Also machten wir uns auf die Suche. Nach ein paar Stunden fanden wir endlich eine Mooring, die stabil genug wirkte. Trotzdem gingen wir die ganze Nacht Wache, denn der Wind blies unterdessen mit bis zu 150 Kilometern in der Stunde. Bei Niedrigwasser sahen wir kaum 100 Meter hinter uns die Brandung. „Die Mooring hält nicht, wir müssen hier weg!", rief Fred. Ich rannte zum Bug, um die Mooringleine loszuwerfen oder zu kappen. „Lass mal", wandte Fred ein, „ich mach das schon." Dann legte er den Gang ein. Die Trosse, so dick wie mein Unterarm, brach und kam in der Größe von Zahnseide nach achtern geflogen, wir waren frei und konnten uns gegen den Wind vorarbeiten. Zum Glück reichte der Treibstoff, und mittags kehrten wir zurück nach Rockport. Der Sturm hatte gewaltige Schäden angerichtet. Boote waren hundert Meter weit bis auf die Hauptstraße gespült worden.

Zurück in New York, wurden wir zunächst wie gehabt von hier nach dort geschickt, bis sich endlich ein Platz im Hafen von Red Hook fand. Der Umbau der „Cape Race" ging weiter, und wir nahmen jede Hilfe in Anspruch, die wir bekommen konnten. Timmy Spidle und sein Sohn Corey siedelten für eine Weile von Nova Scotia nach New York um und übernahmen die Schweißarbeiten, mein Freund Arne Sookael kümmerte sich um die Holzarbeiten. Das meiste erledigte er direkt an Bord, mit nichts als ein paar Sägen und einer Oberfräse. Für den Tisch in der Messe verwendeten wir Pallhölzer aus Pinienholz, die sich im Lauf der Jahre mit Öl vollgesogen hatten. Wir haben sie mit der Kettensäge zurechtgeschnitten und schließlich von Hand abgeschliffen. Der fertige Tisch wog gut 130 Kilogramm. Bill McCulloch und Chris Van Nes erledigten den Großteil der Installationsarbeiten an Bord.

Während dieser Jahre wurde die „Cape Race" auch für einige eher peinliche Filmauftritte gebucht. Mal war sie das Boot von Drogenschmugglern, das von U- und Schnellbooten verfolgt wird – so in einem Imagefilm der kanadischen Marine –, dann das Schiff eines Bösewichtes – so in einer TV-Serie über Nazis, die in der Arktis Jesus klonen wollen.

Der erste „richtige" Auftrag kam von Professor David Holland, einem Klimaforscher der New York University. David stammt aus Neufundland und wollte eine Theorie überprüfen, laut der die wärmer werdenden Ozeane in bestimmten Tiefen warmes Wasser in die Arktis tragen, das die Gletscher Grönlands bedroht. Seine Studenten sollten einen Eisberg entern und durch Gletschermonitoring mehr über die Eisdynamik herausfinden. Und er wollte einen Tauchroboter der Marine nebst den dazugehörigen Wissenschaftlern mitnehmen. Ich war mit allem einverstanden.

Im Sommer 2010 fuhren wir von New York Richtung Neufundland und Grönland. Unterwegs mussten wir einen Zwischenstopp in Woods Hole einlegen, an einem Forschungszentrum der Navy, um den Tauchroboter und die Ausrüstung an Bord zu nehmen. Die Crew für diese anspruchsvolle wissenschaftliche Mission war bunt zusammengewürfelt. Kapitän war Kim Smith, den mir Alan Altas empfohlen hatte, ich Steuermann und Maschinist, Timmy Spidle, der sich die Schulter ausgekugelt hatte und den Arm in einer Schlinge trug, trank zu dieser Zeit eine Flasche Wodka am Tag, der minderjährige Sohn eines Freundes sollte Seeluft schnuppern, meine Frau und deren russische Mutter bekochten uns. Als wir am Dock der Marine festmachten, sprang ich barfuß von Bord und brach mir beide Füße.

Ich habe keine Ahnung, was die Marinesoldaten dachten, als sie das sündhaft teure U-Boot und die Elektronik auf einen Trawler verluden, auf dem bandagierte Männer und Russisch sprechende Frauen herumliefen. Ich war gerade beim Röntgen, aber immerhin haben sie die Geräte nicht wieder mitgenommen. Wir konnten also in See stechen, und ich fuhr zum ersten Mal auf Knien in die Arktis, zumindest in den ersten vier Wochen, bis ich zu Krücken und Gummistiefeln übergehen konnte.

Tim verließ uns in Nova Scotia, weil der Alkoholvorrat zur Neige ging, auch um seine Schulter stand es nicht gut. Hinter Neufundland erwartete uns dichter Nebel. Mehrere Tage tasteten wir uns mit dem Radar voran. Bis wir die Einfahrt in den Prins-Christian-Sund an Grönlands Südspitze erreichten, hatten sich unsere Gemüter dank der besonnenen, sympathisch klingenden Stimmen von Aasiaat Radio auf UKW wieder beruhigt. Der Tonfall unterschied sich von dem der Küstenfunkstationen der USA und Kanadas so sehr, dass es schien, als wollten uns die Stimmen durch den Nebel in eine andere Welt locken.

Das Erste, was wir von Grönland sahen, als wir, vom Radar geführt, in den Sund einfuhren, war an Backbord eine zerklüftete Felswand, die sich aus dem Nebel bis weit über unser Schiff erhob. Es folgte voraus eine weitere Bergkette mit einem Gletscher, der in der Luft zu hängen schien. Ich ging zum Bug, um am vorderen Mast die Gastlandflagge zu hissen. Wir wussten nicht viel über Grönland, aber wir sangen und summten eine Melodie vor uns hin, die wir als Nationalhymne für passend hielten. Natürlich wusste ich, dass Grönland von Dänemark verwaltet wurde und so weiter. Aber es fühlte sich frei und ungebunden an, erst recht, als der Nebel sich lichtete.

Im Logbuch, das Kim führte, klingt das so:

Nach drei Tagen in der Labradorsee haben wir den Prins-Christian-Sund in Grönland erreicht. Die westliche Einfahrt lag unter dichtem Nebel. Dann und wann tauchten hohe Berge auf, die von der Morgensonne angestrahlt wurden. Einfahrt in den Sund unter Zuhilfenahme von Radar und Gefühl. Unvermittelt lichtete sich der Nebel und legte, so weit das Auge reichte, einen Irrgarten aus aberwitzig geformten Bergen frei, ein chaotisches Wirrwarr aus Stein, aus dem Inneren der Erde ausgespien. Die Berge waren so nah, so hoch und so zahlreich, dass der Verstand damit überfordert war. Hinter jeder Biegung erwarteten uns gewaltige Gletscher, die unablässig Eisskulpturen von sattem Blau und dann und wann mit einem donnernden Krachen einen Eisberg abstießen. Hunderte funkelnder weißer Wasserfälle spuckten weit über unseren Köpfen ihre Ladung aus, die hinabstürzte, aufschlug und wieder emporgeschleudert wurde. Wir waren ein winziger Fleck in einem smaragdfarbenen Gespinst aus Wasser. Mächtige Felsbrocken lugten vorwitzig aus den überhängenden Felsen und warteten auf den winzigen Impuls, der nötig war, um sie in das Wasser Hunderte von Metern unter ihnen zu befördern.

Die Berge sind zerklüftet, rau und fremdartig geformt. Speerförmige Zacken stehen in eigentümlichen Winkeln hervor. Große Risse und Spalten künden davon, dass in jedem Moment Milliarden Tonnen von Fels herunterfallen und Tod und Verwüstung bringen können. An einer Stelle stehen die Gipfel in Reih und Glied, und es sieht aus, als wären eines schönen Tages frostige Riesen an den Strand gekommen und hätten Burgen gebaut.

Unser Schiff wurde gechartert, um Forscher in den Sermilikfjord zu bringen. An der Einfahrt gibt es vier Gletscher, der Fjord selbst ist mit Treibeis gefüllt. Jeder Gletscher kalbt Eisberge von 30 Meter Höhe und einem Durchmesser von eineinhalb Kilometern. Jeder Berg wiederum laicht Growler, kleinere Eisberge, und Eisplatten. Wir fühlen uns wie Kamele im Wald. Bei der Überfahrt haben wir darauf geachtet, um alles einen Bogen zu machen, was groß und scharf und hart ist. Wir sind es gewohnt, bis zum Horizont sehen zu können, alles, was uns näher als eine Seemeile kommt, nehmen wir als Gefahr war.

Nun müssen wir das Schiff in eine undurchdringlich scheinende Ansammlung von Eis steuern. Sollten wir tatsächlich einen Weg hineinfinden, finden wir dann auch wieder hinaus? Werden wir zermalmt? Wird mitten in der Nacht ein 30 Meter hoher Eisberg über uns hinwegziehen? Wir werden sehen. Wir bauen darauf, dass viele Schiffe den Weg vor uns genommen haben und manche von ihnen noch heute schwimmen. In den Seekarten der Küstengewässer von Ostgrönland sind keine Tiefen angegeben, überall lauern unbetonnte Felsen. Die durchschnittliche Tiefe beträgt etwa 900 Meter.

Wir befinden uns an einem der eindrucksvollsten Orte der Welt. Jeder Eisberg, jede Scholle gleicht einer Skulptur, die ausführlich beschrieben zu werden verdient. Bögen, Brücken, Kathedralen, Burgen, Strände, Felder, Seen, Wasserfälle, Berge und einige höchst anspruchsvolle Rodelbahnen finden sich hier. Viele berühmte Menschen sind mit Statuen vertreten. Besonders beliebt sind Willie Nelson und Jesus. Aber auch Tiere wie Vögel, Fische und andere Wasser- und Landtiere sind weit verbreitet. Aus unerfindlichen Gründen kommen überraschend viele Schwäne, Kaninchen und Nashörner vor. Der Schlitten des Nikolaus ist gar in verschiedenen Versionen vertreten. Monster, Drachen und Dinosaurier allerorten. Es ist, als habe das Universum einen Flohmarkt aufgebaut. Das riesige Eisfeld wird begrenzt von den erhaben geformten Bergen Grönlands. Wenn die Sonne aufgeht und diese grandiose Kulisse erleuchtet, treibt es noch jedem Mann Tränen in die Augen.

Vorsichtig tasten wir uns mit 1,5 Knoten in diese Wunderwelt hinein. Wir steuern das Schiff durch enge Durchlässe, zwängen uns zwischen Growlern hindurch, passieren Eisberge, landen in Sackgassen, fahren rückwärts und probieren einen neuen Weg aus. So hangeln wir uns von Wegpunkt zu Wegpunkt, und an jedem machen wir Halt, damit die Wissenschaftler ihre Messungen durchführen können. Es ist eine anstrengende und zeitraubende Angelegenheit, die uns höchste Konzentration abfordert.

Der Tag hat grau und dämmrig begonnen. Das Eis wirkte stumpf, die Berge öde und bedrückend. Die Stimmung war im Keller. Doch kaum war die Sonne aufgegangen, überschüttete sie die Szenerie mit Licht und Energie. Die endlose graue Eisfläche wurde im Handumdrehen zu einem Feld aus glitzernden Diamanten und Kristallen. Wärme und ein Wohlgefühl gossen sich über uns aus. Alle scherzten und lachten. Eine wahrlich elektrisierende Erfahrung.

Die Reise verlief zur Zufriedenheit aller, doch nachdem die Wissenschaftler in Tasiilaq von Bord gegangen waren, lagen wir zwar sicher vor Anker, standen aber vor einem Problem: Wir hatten kein Geld und für die Rückfahrt nach New York nicht genügend Treibstoff.

An den nächsten Tagen fuhr ich mit dem Schlauchboot zum kleinen Anleger des Ortes, an dessen Ende ein winziger Laden eines Mannes lag, der, wenn er denn da war, Treibstoff verkaufte. War er aber nicht. Ich setzte mich auf die Treppe vor der Tür, wartete und dachte nach. Kleinere Boote mit toten Robben kamen zurück. Geregelte Öffnungszeiten gab es nicht. Die Robbenjäger rauchten und lachten. Ich wartete.

Dann wurde zwei Fjorde weiter ein großer Wal erlegt, und alles änderte sich. Das ganze Dorf schien unterwegs zu sein, um ein Stück zu ergattern. Es war wie an einem hohen Feiertag. Familien zwängten sich in Boote, Kinder ohne Schwimmwesten, vor und auf dem Anleger war alles voller Blut und Fleisch, die Mole dunkelrot. Walfett und -fleisch wurden ausgelegt und unter Freunden, Tanten, Nachbarn aufgeteilt. Durchsichtige Plastiktüten, bis obenhin mit dunkelrotem Fleisch gefüllt, gingen von Hand zu Hand. Ein großes Fest, an dem alle teilhatten. Alte Männer, Frauen und Kinder schnitten sich ein Stückchen ab und aßen es an Ort und Stelle. Ihre blutverschmierten Gesichter strahlten. Es war, als nähmen die Menschen nicht nur Nahrung zu sich. Als legten sie den Weg zurück, den der Wal zurückgelegt hatte, als sähen sie, was er gesehen hatte. Der Wal war nicht umsonst gestorben.

Als wir später unser Winterlager regelmäßig in Reykjavík aufschlugen, lag die „Cape Race" neben zwei alten, eleganten Walfängern, die noch in Betrieb waren. Die Crew war hartgesotten, mit tiefen Falten im Gesicht, aber gutmütig und unaufdringlich. Als sie begriffen hatten, dass wir, anders, als es sonst oft passierte, ihnen keine Moralpredigt halten wollten, waren wir gern gesehene Gäste. Die Schiffe waren ausgesprochen schön und wurden noch von Dampfmaschinen angetrieben. Die Kessel waren 1930 in New York gebaut worden. Die Kolben waren riesig, alles war blitzblank. Betrieben wurden die Maschinen mit 30 Prozent Waltran. Waltran ist heute unverkäuflich, obwohl es das reinste Öl der Welt ist und einst die Industrielle Revolution geschmiert hat.

Wenn man Richtung Bug ging, wurde ersichtlich, dass das Schiff einzig und allein dafür gebaut worden war, das größte Lebewesen der Welt zu erlegen. Davon zeugten die Harpunenkammer, in dem auch Sprengstoff und Zünder lagerten, die Klampen, an denen der tote Wal hing, wenn er hinter dem Schiff hergeschleppt wurde, und schließlich im Bug selbst die Kanone. Von dort führte die Walleine durch die Leinenrinne zu einem Mast, der an eine Skulptur von Alexander Calder erinnerte, von dort zur Walwinde und über allerlei Blöcke zu einem Federmechanismus, der die heftigen Rucke in der Fangleine abfedern sollte, die durch die Fluchtversuche des Wales entstehen, und schließlich durchs Deck in die darunter liegenden Leinenkästen. Die Schiffe waren nichts für Zartbesaitete, aber ausgesprochen schön – ganz im Gegensatz zu den beiden Booten auf der anderen Seite des Kais, die Ausflüge für „whale watcher" anboten. Tag für Tag konnte ich lärmende, stets gleich aussehende Touristen beobachten, die Mineralwasser und Cappuccino schlürfend an Bord gingen, hinausfuhren, zurückkamen und Mineralwasser und Cappuccino schlürfend wieder von Bord gingen. Bei diesem Anblick kam mir ein eigentümlicher Gedanke. Angenommen, ich wäre ein Wal und müsste erleben, dass diese beiden Boote hinter mir her sind. Vor die Wahl gestellt, würde ich mich wohl lieber von den beiden wunderschönen Walfängern verfolgen und töten lassen, als von diesen lauten Menschen, die dort draußen nichts verloren haben, fotografiert zu werden.

DIE SCHIFFE WAREN NICHTS FÜR ZARTBESAITETE, ABER AUSGESPROCHEN SCHÖN – GANZ IM GEGENSATZ ZU DEN BEIDEN BOOTEN AUF DER ANDEREN SEITE DES KAIS, DIE AUSFLÜGE FÜR „WHALE WATCHER" ANBOTEN

In der Bucht von Tasiilaq lag die „Kisaq" vor Anker, das einzige Schiff, das wir während unserer Reise in Ostgrönland gesehen haben. Kim holte mich auf der blutüberströmten Mole ab. „Lass uns hinfahren. Hier jetzt sauber zu machen bringt nichts." Andreas und Ellen, die Eigner der „Kisaq", sind Grönländer, die mit dem robusten Holzschiff, das einst eine Fähre war, seit vielen Jahren herumfahren. Als ich ihnen von unserem Problem mit dem Treibstoff erzählte, meinte Andreas:

„Ich rufe mal Jens an." Also rief er Jens an, der die Niederlassung der Firma Polaroil in Sisimiut leitete. Am nächsten Tag brachte ein Tanklastwagen Diesel im Wert von 20000 Dollar, den er mir im Tausch gegen eine Unterschrift, Name, Adresse und Angabe eines vagen Zahlungstermins überließ. Seither sind meine Beziehungen zu Polaroil ausgesprochen gut.

Der nächste Auftrag erreichte uns über den Reiseveranstalter Arctic Kingdom, und zu ihm gehörten Wodka, Kaviar und das Liedgut der Roten Armee. Madame B., eine Witwe aus Paris, verbrachte ihre Zeit damit, zu reisen. Am liebsten reiste sie allein, und so charterte sie das komplette Schiff. Und uns. Es hatte geheißen, eine ältere Dame von 91 Jahren komme an Bord. Strikte Vegetarierin. Tierliebhaberin. Wir lasen sie in Labrador auf. Kaum an Bord, fragte sie: „Könnte ich zum Abendessen Frikadellen haben?" Und zu Dick, der Schiffskatze, die von ihrem Teller naschte, sagte sie nur: „Du bist aber ein schönes Tier."

Wir wurden gute Freunde, und auf den vielen Reisen, die wir gemeinsam unternahmen, wurde die „Cape Race" in eine andere Zeit versetzt, in die Belle Époque, garniert mit Geschichten und Histörchen, die einen Seemann erröten lassen konnten. Madame, wie wir sie nannten, weihte uns in pikante Details aus ihrem Leben ein. Auf der Diskoinsel trank sie ein komplettes Fischerdorf unter den Tisch (genau genommen war es kein Dorf, sondern eine Ansammlung von Schlauchbooten am Strand). Zum Abschied ließ sie sich von einem armen jungen Fischer zum „Trikottausch" überreden. Den Rest der Reise verbrachte sie in einem abgewetzten schwarzen Kapuzenpullover, auf dessen Brust ein Leopard oder ein Wolf prangte, genau weiß ich es nicht mehr. Sie brachte mich dazu, mit ihr russische Volksweisen und Chansons von Jacques Brel zu trällern, und aß Kaviar mit einem Löffel direkt aus der Büchse. Auf Labrador gibt es eine verlassene Walfangstation mit kollabierten Öltanks und rostroten Kesseln, die irgendwo im Nirgendwo steht und aussieht wie eine Plastik von Claes Oldenburg. Dort sah sie einen großen Schwarzbären.

Unsere letzte gemeinsame Fahrt fand im Winter statt. Wie lasen sie auf Martinique auf und nahmen Kurs Richtung Süden nach Guyana und Surinam, den gleichnamigen Fluss hinauf, dann weiter Richtung Brasilien und in den Amazonas. Es war eine eher ungemütliche Reise, weil die Gewässer vor der Küste über Hunderte Meilen trüb und flach sind und, zumal vor den Flussmündungen, starke Strömungen einen unangenehm kabbeligen Schwell erzeugen, der seitlich auf das Schiff traf und es stark rollen ließ.

Für Madame mussten wir ein Art Gummizelle aus Matratzen bauen, die wir zwischen Koje und Schiffswand klemmten. In der Zeit, in der sie an Bord war, sichteten wir rosafarbene Amazonasdelfine, Jaguare und Riesenschildkröten. Kaum war sie weg, sahen wir nur noch trübes Wasser. Wenn sie nicht an Bord war, schrieb sie uns Briefe. Natürlich mit der Hand, in blauen Luftpostumschlägen und mit echten Briefmarken frankiert. Der letzte Brief erreichte mich vor drei Jahren.

2012 trafen wir, aus der Arktis kommend, im Hafen von Red Hook, Brooklyn, ein, wenige Tage bevor der Hurrikan „Sandy“ losbrach. Aus dem Deckshaus der „Cape Race“ konnten wir zusehen, wie der Wasserspiegel um uns herum um zwei Meter stieg und die Straßen überflutete, bis aus den Kraftwerken am East River grüne Blitze zuckten und in New York die Lichter ausgingen. Aus dem Funkgerät ertönten Meldungen von Tankern, deren Anker sich losgerissen hatten, von Menschen, die auf den Dächern ihrer Häuser von Wasser und Feuer bedroht waren. In den darauffolgenden Tagen wurden im Atlantic Basin, einem der Hafenbecken in Red Hook, zwei Leichen angespült. Und einige Wochen lang gehörte die „Cape Race“ zu jenen wenigen Ausnahmen in dem Hafenviertel von South Brooklyn, die über Strom und warmes Wasser verfügten. Wir kochten in großen Mengen Bohnensuppe.

Zwischen den aufreibenden Reisen mit Madame versuchten wir, nach Möglichkeit entspanntere wissenschaftliche Aufträge zu ergattern – Aufträge, die uns auf die Baffininsel und nach Labrador, wo wir Proben zur Bestimmung der Biodiversität nahmen, und nach Grönland führten, wo wir im Auftrag des Jet Propulsion Laboratory der Nasa Ausläufer von Gletschern vermaßen, die auf keiner Karte verzeichnet waren.

Die „Cape Race“ und ihre Besatzung bewährten sich beim Vorstoß in nicht kartierte Gewässer, bei Fahrten durch geschlossene Eisdecken und beim Slalomfahren zwischen Eisbergen hindurch, bis eine Gletscherwand Einhalt gebot. Sieben Jahre verbrachten wir mit derlei Arbeiten und trugen manches zur Wissenschaft bei, was uns nun hilft, den Zusammenhang von schwindendem Eis, warmen Strömungen und dem Anstieg der Meeresspiegel zu verstehen. Laut Logbüchern und elektronischen Karten befand sich die „Cape Race" im weit überwiegenden Teil dieser Zeit über Landmassen. Wir spürten Gletscher auf, die erst in 200 oder mehr Meter Tiefe endeten, obwohl in Karten von 50 Meter die Rede war. Wir fuhren durch eine vom Menschen unberührte, wundersame und staunen machende Natur, durch dichten Nebel, blaues Eis und Schneestürme, zwischen Bergketten hindurch, die von Riesen aufgetürmt zu sein schienen, die widerstreitenden Kunstrichtungen angehörten. Wochenlang sahen wir kein anderes Schiff auf dem Radar und begegneten keinen Menschen außer denen, die an Bord waren. Manchmal wünschten wir uns eine kleine Hütte herbei, eine Familie, Kinder. Aber wenn dort in einer langen Winternacht die Öllampe brennt, würde man sich ja doch nur wieder aufs Meer zurücksehnen.

Aus einem Bericht der Nasa-Mission „Oceans Melt Greenland" des Jet Propulsion Laboratory

Zusammenfassend bleibt festzuhalten, dass die Expedition mit der „Cape Race" die Erwartungen übertroffen und bedeutende Ergebnisse gezeitigt hat, darunter die Vermessung der unter Wasser liegenden Ausläufer zahlreicher Gletscher wie Sermeq Silarleq, Kangigleq, Upernavik, Nunatakassap Sermia, Qeqertarsuup Sermia, Ussing Braeer, Cornell, Illullip Sermia, Alison, Hayes, Steenstrup, Dietrichson, Sverdrup, Nansen, Rink, Docker Smith, Gade, Carlos, Yngvar Nielsen Brae, Helland und Savissuaq. Als wichtigste Leistung bleibt die Erhebung von Daten im Upernavikfjord festzuhalten, die wegen des durch kalbende Gletscher verursachten massiven Eisgangs nur dank der exzellenten Steuer- und Navigationskunst der Besatzung zustande kam.

DIE GROSSE SANIERUNG

KAUF DURCH DEN MAREVERLAG

Im Sommer 2016 kam es in unseren Verlagsräumen in der Hamburger Speicherstadt zu einem folgenschweren Treffen zwischen Frank Fietz, an einer Kooperation seiner Reiseagentur Polarkreuzfahrten mit dem mare-Magazin interessiert, und mir. Im Polarkreuzfahrten-Katalog entdeckte ich das Angebot, mit der MS „Cape Race“ die Arktis zu erkunden, und war elektrisiert. 20 Jahre zuvor hatte ich bei einem Spaziergang in Kiel-Holtenau im Schaufenster einer Apotheke das Schiffsmodell eines Fischtrawlers (des Trawlers „Tumlare“, 1970, England, 185 BRT, Heimathafen Visby, Gotland) entdeckt und mich sofort in seine harmonischen Linien verliebt. Seither ließ mich die Vorstellung nicht mehr los, auf solch einem Schiff im Winter die norwegische Küste zu befahren, kleine, malerische Fischerdörfer zu besuchen und anschließend im vom Ofen beheizten Salon zu lesen. Meine romantische Träumerei wurde jäh von der Realität abgelöst, als Frank Fietz mich wenige Tage nach unserem Treffen anrief und erklärte, dass Milos Simovic durchaus an einem Verkauf der „Cape Race“ interessiert sei. Nachdem ich mich auf einer Fahrt entlang der Westküste Grönlands in all meiner Hingabe bestätigt gesehen und zwei unabhängige Gutachten in Auftrag gegeben hatte, erwarb ich die „Cape Race“ schließlich im Dezember 2017. Ein Chartervertrag mit Polarkreuzfahrten versprach wenig Arbeit und eine ordentliche Rendite.

In den Winterwochen des Jahres erkundete die „Cape Race“ mit Gästen die schneebedeckten Fjorde Nordnorwegens bei Tromsø. Unter Polarlichtern glitt sie durch die kalte See, den Orcas und Pottwalen folgend, die sich wiederum von riesigen Heringsschwärmen leiten ließen, die ihre Nahrung bilden. Nach Weihnachten, als die Dunkelheit

In dieses Modellschiff im Schaufenster einer Apotheke an der Kieler Schleuse des Nordostseekanals verliebte sich Nikolaus Gelpke 1998. Bis auf wenige Details entspricht die „Cape Race“ diesem Modell

und Kälte durchgriff, lag das Schiff an der Pier und wartete auf ein Wetterfenster, um die rauen Gewässer nach Island zu queren. Ende Februar war es so weit, und Kapitän Joachim Schiel lief aus.

Nachdem der Kapitän in einem tiefen Fjord an der Nordwestküste Islands einen mehrere Tage wütenden Sturm abwettern konnte. ließ sich das Schiff plötzlich nicht mehr kontrollieren, steuerte 35 Grad zu jeder Seite, das Ruder folgte eher dem Seegang als dem Steuermann. Zum Glück befand sich das Schiff zwischen zwei Tiefdruckgebieten, und weil die Wellen nicht sonderlich hoch waren, konnte die umsichtige Mannschaft den Kutter mit einer ziemlich einzigartigen Besonderheit wieder auf Kurs bringen: Der Ruderschaft der „Cape Race" führt durch alle Decks bis hinauf zum Achterdeck. Auf den Ruderkoker setzten sie eine Notpinne, die riesigen Kräfte wurden mit Flaschenzügen umgeleitet, und die direkte Steuerung ohne Hydraulikunterstützung brachte das Schiff wieder in einen stabilen und sicheren Winkel zur See. Offensichtlich waren mehrere Hydraulikschläuche geplatzt, denn die Steuerleute an der riesigen Pinne rutschten gefährlich über das ölverschmutzte Deck. Über Satellitentelefon informiert, verfolgte ich die abenteuerliche Fahrt auf der Tracking-App, als sich ein erneuter Sturm ankündigte.

Die Weiterfahrt unter Notpinne bis Reykjavík wurde von einem jederzeit einsatzbereiten Schlepper begleitet. Diese Tage sind ein Zeugnis bewährten und pragmatischen Schiffbaus und guter Seemannschaft. Heutige Konstruktionen sehen die Möglichkeit, eine Notsteuerung einzusetzen, gar nicht mehr vor.

In Reykjavík wurde das Schiff auf der traditionsreichen Werft Stàlsmiðjan Framtak wie geplant für sechs Wochen aufgedockt. Der achterlich gelegene Crewbereich sollte erneuert, der an den Maschinenraum angrenzende Stahl ersetzt werden. Auch etwas alten Asbest erwarteten wir an dieser Stelle. Nicht erwartet hatten wir, dass im gesamten achterlichen Schiff Asbest steckte. Die Entscheidung, ihn vollständig zu entsorgen, hatte gewaltige Folgen. Denn dabei entdeckten wir vor allem an der Außenhaut jede Menge feuchten Asbest, der den Stahl stellenweise bis auf wenige Millimeter Stärke hatte korrodieren lassen. Deshalb entschieden wir uns im Frühjahr 2018 zur kompletten Entkernung der hinteren Hälfte der „Cape Race". Einen Weg zurück gab es eh nicht mehr. Und so fielen dem Entkernen auch Lüftung, Elektrik, Hydraulik und die komplette Inneneinrichtung zum Opfer. Dabei versuchten wir aber, so viel von den ursprünglichen Lichtschaltern, Lampen, Steckdosen und selbst den Aschenbechern zu retten wie irgend möglich.

EINEN WEG ZURÜCK
GAB ES EH NICHT MEHR

Aus den sechs Wochen an Land wurden mehrere Monate, doch die Slipanlage der Werft war im Frühling für andere Kunden reserviert. Sobald das Schiff wieder schwimmfähig war, das heißt, große Teile der Außenhaut und zahllose Spanten erneuert waren, ließen wir es daher wieder zu Wasser und legten es an eine nahe gelegene Pier im

Nachdem der achterliche Bereich völlig entkernt war, begannen die umfangreichen Schweißarbeiten

Auch ein neuer Notausstieg für den Crewbereich und zwei weitere Kabinen wurden errichtet

Annähernd ein Drittel der Außenhaut achtern und der Spanten wurde erneuert

Auch der Schriftzug des Schiffsnamens wurde aufgefrischt

ACE

Der entkernte Crewbereich. Die Stahlarbeiten waren der Anfang. Isolierung, Elektro-, Sanitär- und Hydraulikinstallationen waren ebenso aufwendig

Der gesamte Rumpf wurde mehrfach geprüft und sämtliche nicht mehr zu 100 Prozent intakten Stahlplatten ersetzt

Neue Bullaugen im achterlichen Bereich des Schiffes sorgen für mehr Licht in der Messe und der Kombüse

Die Arbeiten auf der Werft in Island erstreckten sich über zweieinhalb Jahre

Der Crewbereich. Nachdem aller Stahl erneuert war, wurde dieser sorgfältig mit einem Primeranstrich vor Korrosion geschützt

Die Brücke wurde entkernt, der vordere Teil komplett neu in Aluminium aufgebaut. Auch sämtliche Elektronik für Navigation und Kommunikation wurde neu installiert

Bevor die Holzarbeiten im Inneren beginnen konnten, wurden Rumpf und Decks sorgfältig gegen Kälte gedämmt. Dabei entstand auch ein zeitgemäßer Brandschutz

Stadthafen. Und weil die Werft nicht alle Dienstleistungen anbot, engagierten wir kurz entschlossen Handwerker aus halb Europa – unter anderem aus Polen, Deutschland, Schweiz, Spanien, Holland und vor allem aus England.

DIE BUNTE TRUPPE LEBTE ÜBERWIEGEND AUF EINEM ÜBER 100 JAHRE ALTEN HOLZSEGLER, DER „DONNA WOOD", DIE LÄNGSSEITS AN DER „CAPE RACE" VERTÄUT WAR. IM SOMMER 2019 STIESS FÜR VIER MONATE NOCH FAST EIN DUTZEND DEUTSCHER WANDERGESELLEN ZU UNSEREM PROJEKT

Letztlich dauerte der Aufenthalt in Island zwei volle Jahre, und in dieser Zeit verantworteten zwei Kapitäne die umfassende Renovierung der „Cape Race". Joachim Schiel als Bauleiter vor Ort in Reykjavík und Maarten van der Duijn Schouten als Gesamtleiter bauten den ein gutes halbes Jahrhundert alten Fischkutter wieder auf. Mit Toby Robinsons, einem in Schottland lebenden, aus Cornwall stammenden Schiffszimmerer, stieß der ideale Partner für den Innenausbau dazu. Toby baute an der Pier ein aus vier Schiffscontainern und einem alles überspannenden Dach ein Lager- und Handwerkshaus und heuerte 15 ambitionierte Bootsbauer von der englischen Südküste an, in Spitzenzeiten auch einige mehr. Die bunte Truppe lebte überwiegend auf einem über 100 Jahre alten Holzsegler, der „Donna Wood“, die längsseits an der „Cape Race“ vertäut war. Im Sommer 2019 stieß für vier Monate noch fast ein Dutzend deutscher Wandergesellen zu unserem Projekt.

So entstand nach und nach eine kleine, autonome Werft in Island, auf der wir mit ambitionierten Individualisten mit viel Liebe zum Detail, Akribie und Sinn für Qualität die „Cape Race“ von Grund auf neu aufbauten.

Im Februar 2020 brachte Joachim Schiel das Schiff von Island nach Hamburg. Nach letzten Feinarbeiten und einem Anstrich strahlt die „Cape Race“ seit dem Sommer in neuem Glanz, bereit für viele weitere Abenteuer.

Da der Vertrag zwischen der Fietz GmbH und dem mareverlag im Januar 2019 aufgehoben worden war und die Fietz GmbH im April 2019 Insolvenz angemeldet hatte, wurde die „Cape Race“ in den Hamburger mareverlag integriert, der mit dem Schiff auch künftig die Tradition aufrechterhält, mit Wissenschaftlern Forschungsfahrten im Eis zu realisieren und ökologisch interessierten Gästen während Wissenschaftsfahrten das einmalige Ökosystem der Polarregion näherzubringen.

IMPRESSIONEN

CAPE RACE

Exit
mare

mare
Hering

mare

YAMAHA

IMPRESSIONEN

IM EIS

QUELLEN

TEXT UND BILD

Bildnachweise S. 2/3 und 4: Cape Race; S. 11: Jan Windszus; S. 15 und 17: National Sea Products; S. 18/19, 20 und 23: Stephen Vallis; S. 27: National Sea Products; S. 33: Mac Mackay; S. 34 und 35: Milos Simovic; S. 39, 42/43, 46 und 47: Vladimir Radojicic; S. 65: Nikolaus Gelpke; S. 68 bis 77: Bob Wigt, Cape Race; S. 80 bis 89: Jan Windszus; S. 90 bis 97: Cape Race

Textnachweise siehe Inhalt S. 7

Herausgeber und Texte Nikolaus Gelpke

Übersetzungen Rudolf Mast

Redaktion Karl Spurzem

Gestaltung Anna Boucsein

Satz/Reproduktion Andrea Best

Korrektorat Susanne Feyke

© 2022
mareverlag GmbH & Co. oHG
Pickhuben 2, 20457 Hamburg
Telefon +49 40 369 859-0, www.mare.de

ISBN 978-3-86648-678-2